Notes:

FELICIANO ARANGO: A COLLECTION OF BASS LINES

VOLUME ONE: THE GREATEST HITS OF NG LA BANDA

By Feliciano Arango and Cherina Mastrantones

Copyright © 2011 Arangotones, New York, USA

All rights reserved.

ISBN:1468026259
www.arangotones.org
https://www.createspace.com/3671152

FELICIANO ARANGO: COLECCIÓN DE LOS TUMBAOS DE BAJO

VOLUMEN UNO: LOS GRANDES ÉXITOS DE NG LA BANDA

Autores: Feliciano Arango

Cherina Mastrantones

Copyright © 2011 Arangotones, New York, USA

All rights reserved.

ISBN:9781468026252
www.arangotones.org
https://www.createspace.com/3671152

CONTENTS

Introduction..5

About The Authors.. 10-12

Notation Legend...17

The Music Of NG La Banda

    1. **"La Bruja"** 1990, " No Se Puede Tapar el Sol".....................................19
    2. Archive of original Bass Part..29
    3. **" Los Sitios Entero"** 1990," No Se Puede Tapar el Sol.....................30
    4. **"La Expresiva"** 1990 ,"NG En La Calle......................................37
    5. **"Que Viva Changó"** 1990, "NG En La Calle................................47
    6. Archive of original Bass Part..57
    7. **"Todo El Mundo Es Buena Cámara".** 1990, "NG En La Calle.......58
    8. Archive of original Bass Part...69-70
    9. **"La Protesta De Los Chivos"** 1990, "NG En La Calle..................71
    10. Archive of original Bass Part..79-80
    11. **" El Trágico "** 1993, "Échale limón"...81
    12. **"Échale Limón"** 1993, "Échale limón".....................................90
    13. **"Santa Palabra"** 1993, "Échale Limón"...................................101
    14. **"Hice Mi Papel"** 1994, "La Que Manda"................................113
    15. Archive of original Bass Part...120-121
    16. **" Picadillo De Soya"** 1994, " La Que Manda"..........................122
    17. **"Te Pongo Mal"** 1994, "La Bruja:"...131
    18. Archive of original Bass Part...140-141
    19. **"Un Sueño Terrible"** 1994 "La Bruja"....................................142
    20. **"La Película Del Sábado"** 1994, "La Bruja".............................151
    21. Archive of Original Bass Part..161-162

Conclusion & Acknowledgments..163

Credits...164

Discography...165

INDICE

Introducíon………………………………………………………………5

Sobre los autores……………………………………………………… 10-12

Leyenda de notación…………………………………………………...17

The Music Of NG La Banda

1. **"La Bruja"** 1990, " No se puede tapar el sol"……………………19
2. Archivo del parte del bajo …………………………………………29
3. **" Los sitios entero"** 1990," No se puede tapar el sol……………30
4. **"La expresiva"** 1990 ,"NG En La Calle……………………………37
5. **"Que viva Changó"** 1990, "NG En La Calle………………………47
6. Archivo del parte del bajo …………………………………………57
7. **"Todo el mundo es buena cámara"**. 1990, "NG En La Calle………58
8. Archivo del parte del bajo …………………………………………69-70
9. **"La protesta de los chivos"** 1990, "NG En La Calle………………71
10. Archivo del parte del bajo …………………………………………79-80
11. **" El trágico "** 1993, "Échale limón"………………………………81
12. **"Échale limón"** 1993, "Échale limón"……………………………90
13. **"Santa palabra"** 1993, "Échale Limón"……………………………101
14. **"Hice mi papel"** 1994, "La Que Manda"…………………………113
15. Archivo del parte del bajo …………………………………………120-121
16. **" Picadillo de soya"** 1994, " La Que Manda"………………………122
17. **"Te pongo mal"** 1994, "La Bruja:"…………………………………131
18. Archivo del parte del bajo …………………………………………140-141
19. **"Un sueño terrible"** 1994 "La Bruja"………………………………142
20. **"La película del sábado"** 1994, "La Bruja"………………………151
21. Archivo del parte del bajo …………………………………………161-162

Conclusiones & Agradacimientos……………………………………….163

Créditos………………………………………………………………..164

Discografía……………………………………………………………..165

INTRODUCTION

This new volume is the first in a series of classic Timba arrangements where the bass is the protagonist. Feliciano Arango reveals and puts into practice many of the exercises of his first book that enables the enthusiast to master the requisite knowledge needed to enter the world of Cuban Timba. The classic stylistic musical figures that appear in this edition along with the first book "Cuban Timba A Contemporary Bass Technique"[1], will change the course of bass stylings in current Cuban popular dance music. The authors deem it necessary to study these methods in order to have a strong foundation for further development.

This book is a compilation of NG La Banda's greatest hits during the time that Feliciano Arango was the principal bassist for the group (1988–2002). There is great value in archiving these bass lines because the rhythmic style of the bass changed completely in Cuban dance music during this time period. This marks the beginning of a new era of the bass's role as an accompanying instrument in Cuban music. At its onset, this new style of playing was criticized due to its complicated rhythmic figures executed during the montunos and body of the arrangement. It was believed that this new way of playing, aggressive and with frequent rhythmic variation, would affect the demanding dance floor audience. Instead, new ground was broken with the bass as a principal force united with "the bomba" (rhythmic ostinatos performed by the conga and drums) that radically changed Cuban dance music for the musicians and dance floor audience. This style is generally referred to as *"Timba."*

This book has fourteen fully transcribed bass lines and montunos exactly as played from the recordings. In addition, we show some of the original bass parts (from Jose Luis Cortés arrangements) so that you can compare and recognize the creativity and invention of Feliciano Arango, "selected as the best Timba bassist of all time"[2] during his more than 20 years in the group.

Feliciano Arango has always been inspired and influenced by the guaguancó clave and all of the Afro-Cuban folk genres heard in his hometown, Guanabacoa, Havana, Cuba. The music of NG La Banda, in collaboration with the other members of the group, gave Feliciano Arango the opportunity to introduce and to merge his Afro-Cuban folkloric knowledge and its rhythmic elements to cuban popular dance music, this era is now considered the period of the birth of Cuban Timba.

---

[1] Feliciano Arango y Cherina Mastrantones, "Cuban Timba: A Contemporary Bass Technique", 2008. Arangotones. https://www.createspace.com/3671152….

[2] http://www.timba.com

It is recommended, to those interested in Cuban Timba bass stylings, interpret and analyze each of these bass lines in detail in order to develop an understanding of this new genre. For the first time, these bass lines are written out identically to the original recordings. It should be noted that there is no clave direction written as a guide because the musicians are using the basic guaguancó clave as follows:

Guagancó Clave

The first book, *Cuban Timba: A Contemporary Bass Technique,*** is technical preparation and serves as a foundation for the implementation and execution of the montunos and tumbaos in Timba.

The intention of this book is for Timba and bass enthusiasts to apply the Timba stylings in a complete arrangement, as if performing with the group, with introduction, verses, montunos, mambo, bomba, "bloques" and coda. If this first volume, dedicated to the greatest hits of NG La Banda, gives the reader more confidence and fluidity in his or her journey through Cuban Timba, then the authors will have reached their intended goal and will continue to cultivate this rich genre of Cuban dance music to enjoy.

Future research and compilation will be on the recordings of the group "*Los Hermanos Arango*", led by Feliciano Arango, where his Timba signature is still evident. Although this group works in the genre of the Folclorjazz, Feliciano Arango never abandons his style as a timba bassist and remains a vital figure in his contribution to music in general.

INTRODUCIÓN

Este nuevo volumen es el inicio de un ciclo de temas clásicos de Timba donde el bajo es el protagonista. Feliciano Arango nos revela y pone en práctica muchos de los ejercicios de su primer libro que da la posibilidad de entrar en el mundo Timbero. Los majestuosos figurados que aparecen en la presente edición junto a *El bajo contemporáneo de la Timba cubana*[3], cambiarán el curso del aprendizaje de bajo en la música popular bailable actual. Sus autores consideran necesario el estudio de estos métodos para su mayor desarrollo.

Este libro es una compilación de los grandes éxitos de NG La Banda durante la estancia de Feliciano Arango en esta orquesta (1988-2002). Es muy importante mostrar la línea de bajo de todos estos números porque el bajo cambió completamente en la música popular bailable de Cuba. Así comienza una nueva era de desarrollo en el bajo como instrumento acompañante. Muy criticado en sus inicios, por su gran movimiento y complicación en los figurados ejecutados durante el número musical y en los montunos, se pensó que esta nueva forma de tocar con tanta fuerza y variaciones podía afectar al bailador. Pero, por el contrario, abrió un nuevo camino para el bajo y junto con la bomba un nuevo disfrute para el bailador.

En este volumen se presentan catorce líneas de bajo de cada número completo y el montuno, tal y como se tocó en esa época y se muestran algunas de las partituras originales para que usted pueda comparar y apreciar el movimiento y la creatividad empleados desde hace más de 20 años por Feliciano Arango, seleccionado como "el mejor bajista timbero de todo los tiempos"[4].

Feliciano Arango siempre estuvo inspirado e influenciado por la clave del guaguancó y de todos los géneros folclóricos de Guanabacoa, lugar donde nació, en la Ciudad de La Habana. La agrupación musical NG La Banda le dio a Feliciano Arango la oportunidad de introducir y fusionar todo este conocimiento folclórico y los elementos rítmicos para contribuir al nacimiento de la "Timba" junto a los demás integrantes de la orquesta.

---

3. Feliciano Arango y Cherina Mastrantones, "El bajo contemporáneo de la timba Cubana", 2008. Arangotones. https://www.createspace.com/3671152

[4] http://www.timba.com

Se recomienda a los interesados en el bajo contemporáneo de la Timba cubana, interpretar cada una de estas líneas detalladamente para desarrollar su aprendizaje de este nuevo género. Por primera vez, estas líneas de bajo aparecen escritas idénticas a las grabaciones originales. Como se podrá apreciar, no se ha puesto ninguna dirección de la clave, porque evidentemente se trabaja con la clave del guaguancó.

Guagancó Clave

El primer libro *"El bajo contemporáneo de la timba cuband"* es una preparación técnica para tener una base y lograr mucho más facilidad en la ejecución de los acompañamientos y los tumbaos dentro de la música cubana bailable de esta época que se conoce como "Timba".

Con este libro disfrutará lo aprendido pues tendrá la oportunidad de tocar un número completo como si estuviera interpretándolo con la orquesta: introducción, cuerpo del número, bloques, montuno, mambo, bomba, efectos y coda.

Si este primer volumen, dedicado a los éxitos de NG la Banda, lo hace sentir más seguro y fluido en su viaje a través de la Timba cubana, sus autores se sentirán complacidos y motivados para continuar cultivando este género tan rico de la música cubana bailable.

El próximo estudio será sobre las grabaciones del grupo *Los hermanos Arango"*, dirigido por Feliciano Arango, que también encuentra su sello timbero. Aunque este grupo trabaja en el género de Floclorjazz, Feliciano Arango nunca abandona su estilo poniende siempre al bajo como figura imprescindible dentro de la música en general.

Feliciano Arango and Cherina Mastrantones

ABOUT THE AUTHORS

FELICIANO ARANGO NOA

Feliciano Arango was born on January 24, 1961 in Havana, Cuba. He began his musical studies at 12 years of age at the Guillermo Tomas School in Guanabacoa, where he was born and presently resides. His first contrabass teacher was Orlando Lopez "Cachao," with whom he studied classical contrabass for four years. He then moved on to the provincial school of music, Amadeo Roldan, where he studied with the Bulgarian contrabassist Angel Nenov. During this period he won various prizes in classical contrabass competitions.

His professional life began with a group, T Con E, whose musical director was the pianist Lázaro Valdez. Afterwards, he became the founding member of a Latin Jazz quintet with the esteemed Cuban pianist Emiliano Salvador. During his membership with this group he shared the stage with many world-class musicians such as Dizzy Gillespie, Ermeto Pascoal, and Tania Maria, among others.

His third group, with which he was a founding member for 16 years, was *NG La Banda*, a fusion group directed by the great flautist José Lúis Cortez ("El Tosco"/"The Rough Rude Boy.") This group marked a new generation of Cuban popular dance music, as it required a new way of playing the montunos between the bass and piano in this genre. Performing with NG La Banda increased Arango's exposure to international artists and allowed him the opportunity to share the stage with some of the greatest artists in jazz such as Chick Corea, George Benson, and Keith Jarrett, among others.

Presently, he is directing an Afro-jazz group, Los Hermanos Arango, that has received much attention and has performed in jazz festivals worldwide in its first few years of existence. This group is a fusion of jazz, funk and other genres with traditional folkloric Cuban music derived from Yoruba traditions such as Abakúa, Palo, Güiro, and Macuta. This music is the culmination of all of Feliciano's musical experiences and professional development nourished by the great musicians he has played with throughout the years.

SOBRE LOS AUTORES

FELICIANO ARANGO NOA

Nació el 24 enero de 1961 en La Habana, Cuba. Comenzó sus estudios de contrabajo a los 12 años en la Escuela "Guillermo Tomás" de Guánabacoa, donde creció y vive actualmente. Su primer maestro de contrabajo fue Orlando López "Cachao". Estudió al mismo tiempo música clásica. Más tarde matriculó en la Escuela Provincial de Música "Amadeo Roldan" donde tuvo como profesor al contrabajista búlgaro Angel Nenov; obtuvo allí diferentes premios en concursos de música clásica.

Su vida profesional comenzó con el grupo "T Con E", dirigido por el pianista Lázaro Valdés. Luego fue fundador del quinteto de Jazz Latino, del pianista Emiliano Salvador. Estando en ese grupo Feliciano tuvo la posibilidad de compartir el escenario con grandes músicos mundialmente conocidos como Dizzy Gillespie, Ermeto Pascoal, Tania Maria, entre otros.

El tercer grupo donde trabajó durante 16 años y del que también fue fundador fue **NG La Banda**, grupo de fusión dirigido por el gran flautista José Luis Cortés. NG La Banda marcó un nuevo camino en la música cubana popular bailable, y también un nuevo camino en la forma de utilizar los montunos del bajo y el piano en la música cubana bailable. Con NG su ángulo internacional se hizo más amplio y le dio la posibilidad de compartir escenarios de Jazz con reconocidos músicos como Chick Corea, George Benson, Keith Jarrett, entre otros.

Actualmente Feliciano Arango dirige el grupo de Afro Jazz "Los Hermanos Arango", que ha participado en varios festivales de Jazz mundialmente. En este grupo se crea una nueva forma de Jazz con fusión del Funk y otros géneros con la música Yoruba, el Abakúa, El Palo, El Güiro, La Macuta y todo lo relacionado con la música folklórica. Esta música es la culminación de todas sus experiencias profesionales hasta el presente, y donde se resume la experiencia acumulada en sus viajes a través de los magníficos grupos por donde ha transitado todos estos años

ABOUT THE AUTHORS

CHERINA MASTRANTONES

Cherina Mastrantones was born and raised in Manhattan, New York of Greek immigrants. She began her musical education with nightly bedtime songs from her father and by watching her mother dancing while doing her chores. She began playing an instrument at 8 years of age and was captivated.

She received her early music education in the public school system in New York City. Later she received a full scholarship to study formally at Oberlin College, Ohio and completed her performance degree in jazz bass at the New School for Jazz and Contemporary Music in New York City.

Living in New York provided Cherina with a rich cultural environment and she was exposed to some of the greatest artists in jazz and Latin music at an early age. In addition to freelancing with a number of salsa bands, she toured with Joe Cuba, Masa Wada, and Joan Osborne, among others. She has recorded four CDs and one under her own name, titled *Confession*. She supplemented her knowledge with the esteemed pianist Barry Harris, studied composition with Kirk Nurock and Jim McNeely, and was a member of the BMI Jazz Composer's workshop.

Ms. Mastrantones was a teaching artist with the Brooklyn Philharmonic Orchestra and The Orchestra of St. Luke's for 5 years. She received her music education license in New York City in 2004 where she currently teaches full-time and performs with a number of local Latin jazz bands.

In 2006, she traveled to Havana, Cuba to study Cuban timba bass stylings with Feliciano Arango.Her first lessons turned into eleven trips of intensive study with Feliciano Arango. In February, 2008, they wrote their first book, *Cuban Timba: A Contemporary Bass Technique,*[5] for all the bassists and musicians interested in timba stylings.

As her understanding of the rhythmic language in Cuban Timba and its relationship to the guagancó clave increased, she had a natural desire to apply her newly acquired knowledge of timba's rhythmic patterns and tumbaos. Returning to the original recordings of Feliciano Arango during his membership with NG La Banda seemed the obvious starting point. In 2011, with Feliciano Arango's assistance, this compilation of transcriptions of Feliciano's bass lines was created for all emerging and interested bassists in timba worldwide.

---

[5] Feliciano Arango, Cherina Mastrantones, *"Cuban Timba A Contemporary Bass Technique,* 2008, Arangotones. https://www.createspace.com/3671152

SOBRE LOS AUTORES

CHERINA MASTRANTONES

Nació y crició en Manhattan, Nueva York, hija de inmigrantes griegos. Su formación musical comenzó con canciones de cuna de su papá y la vista de su mamá bailando al hacer los quehaceres de la casa. Comenzó a tocar a los ocho años y se cautivó.

Recibió su educación musical dentro del sistema de escuelas públicas de Nueva York. Sin embargo, recibió una beca para estudiar formalmente en Oberlin College, y obtuvo su título universitario en la New School for Jazz and Contemporary Music al tocar el bajo de jazz. En 2004 realizó una certificación de Maestría de la Universidad Aaron Copeland, Escuela de Música en Nueva York.

Vivir en Nueva York le proporcionó un mayor acercamiento a algunos de los mejores artistas de la música de jazz y latina. En adición de trabajar en calidad de freelance con grupos de salsa, realizó giras junto a Joe Cuba, Masa Wada, y Joan Osborne, entre otros. Grabó cuatro discos y uno bajo su nombre: "Confesión." Profundizó sus estudios con el pianista Barry Harris y estudió composición con Kirk Nurock y Jim McNeely. También fue miembro del Taller de Compositores de BMI Jazz.

Fue artista de enseñanza con la Orquesta Filarmónica de Brooklyn y la Orquesta de St. Luke durante cinco años. Hoy en día enseña a tiempo completo y toca el bajo con varios grupos de música latina en la ciudad.

En 2006 decidió nutrir sus deseos de aprender con su primer viaje a Cuba en busca de la Timba y de Feliciano Arango.Sus clases iniciales se convirtieron en once viajes para estudiar intensivamente con Feliciano Arango, y en febrero de 2008 escriben juntos el primer libro *El bajo contemporáneo de la timba cubana* [6] para todos los bajistas interesados en la Timba cubana.

Al aumentar su comprensión del lenguaje rítmico de la Timba cubana y su relación con la clave del guáganco, hubo un deseo natural para aplicar este recién adquiridas conocimiento de patrones rítmicos y tumbaos de timba. Devolviendo a las grabaciones originales de Feliciano Arango durante su ingreso con NG La el Banda pareció el punto de partida obvio. En 2011, con asístanse de Feliciano Arango esta compilación de transcripciones de las líneas de bajo de Feliciano fue compilada y creada para todo surgir y bajista interesado en Timba por todo el mundo.

---

[6] Feliciano Arango, Cherina Mastrantones, "El bajo contemporanéo de la timba cubana", 2008, Arangotones. https://www.createspace.com/3671152

Jose Luis Cortés

Founder of N.G. La Banda

Jose Luis Cortés

Founder of N.G. La Banda

Jose Luis Cortés completed his musical studies at the Escuela Nacional De Arte in Havana, Cuba. From 1970 to 1980 he was a member of the Cuban group *Los Van Van*, and from 1980 to 1987 he was a member of the Cuban group *Irakere*. In 1988 he founded his own group, *NG La Banda*. The musical concept of the group was to fuse his formal musical knowledge with the Afro-Cuban music of guaguancó, rumba and folkloric styles. He wanted to raise Cuban popular dance music to the same aesthetic and artistic level as more established genres.

Parallel to his work as flutist, he has worked as a composer, arranger, artistic director and musical producer of records which allowed him to enjoy well-deserved prestige. He has produced more than 38 discographic recordings of which all critically acclaimed.
With NG La Banda, Cortés has created a new and vigorous sound in contemporary Cuban music. His song lyrics reflect popular feeling, making him an expert chronicler of Cuba's present day image, and his arrangements for brass, *The Metals of Terror*, have impressed the world. The way that he works with tumbaos, and their interrelation with the rhythm section and keyboards, has allowed him to create an easily distinguishable fingerprint as the creator of <u>Cuban timba</u>. His music is so important that it is object of study in art schools. The work developed by José Luis Cortés and NG La Banda does not just make people dance all over the world, but also contributes critically to instrumental music and jazz. beccause of the virtuosity displayed by each of the musicians on their instruments as well as orchestrations and arrangements by José Luis Cortés.

The compilation of works by N.G. La Banda are considered of great importance to Cuban Timba and places the group as one of the greatest Cuban Timba groups of all time.[7]

---

[7] http://www.nglabanda.cult.cu/historia.php

Sobre Jose Luis Cortés

Fundador del grupo N.G. La Banda

Jose Luis Cortés cursó estudios en la Escuela Nacional de Arte, en La Habana, Cuba. Entre los años 1970 y 1980 integró el grupo Los Van Van y de 1980 hasta 1987 el grupo Irakere. En 1988 formó su propio grupo *NG La Banda*. El concepto musical fue el de fusionar su conocimiento formal con la música afrocubana del guaguancó, la rumba y el folklor. El deseaba dar a la música popular bailable el mismo valor estético y artístico que se reconoce en otros géneros de música artística.

"Paralelamente a su trabajo como flautista, se desarrolló como compositor, orquestador, director musical de espectáculos, arreglista y productor musical de fonogramas, ganándose el merecido prestigio que posee. Cuenta con más de 40 producciones discográficas laureadas y con el favor de la crítica.

Con NG LA BANDA, José Luis Cortés (El Tosco) ha creado un nuevo y vigoroso sonido en la música cubana contemporánea, mientras el tratamiento de los textos de sus canciones han reflejado el sentir de amplios sectores populares, Han impresionado al mundo entero sus arreglos para la sección de metales, identificados por la crítica especializada como LOS METALES DEL TERROR. El tratamiento de los tumbaos y su interrelación con la sección rítmica y teclados, le han permitido crear un sello perfectamente distinguible, convirtiéndose en el creador de la Timba Cubana.

La labor realizada por José Luis Cortés y NG La Banda no se ha limitado a hacer bailar a las personas en todas latitudes del mundo. También existe un trabajo muy profesional en la música instrumental y el jazz, donde se gana los aplausos del público y las más favorables críticas de la prensa especializada. A ello contribuyen el virtuosismo de sus músicos en cada instrumento, las orquestaciones y los arreglos geniales que realiza el maestro José Luis Cortés.

Todo este trabajo hace que N.G. La Banda sea considerada como una de las formaciones musicales más importantes de todos los tiempos.""[8]

---

[8] http://www.nglabanda.cult.cu/historia.php
http://www.egrem.com.cu/catalogo/unartista.asp?codigo=157

BASS NOTATION LEGEND

LEYENDA NOTACIÓN DEL BAJO

HAMMER-ON
Strike the first (lower note)
With one finger, then sound the
next note on the same string by
fretting (the left hand) without picking.

MARTILLO.
Golpe el primer (nota inferior)
con un dedo, luego parezca
la siguiente nota en la misma cuerda
preocupándose (la Mano izquierda)Sin la
recolección

EL TREMOLO
La nota es golpeada rápidamente y
continuamente como sea pde la mano derecha.

TREMOLO
The note is struck
as rapidly and continuously
as possible with the right hand

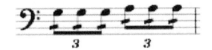

GLISSANDI
Strike the first note and
then slide the same left
hand finger up or down
to the second note. The
second note is **NOT** struck
by the right hand.

GLISSANDI
Huelga la primera nota y luego deslice
el mismo dedo de la mano izquierda
hacia arriba o hacia abajo hasta
la segunda nota. La segunda nota
no es logrado por la mano derecha

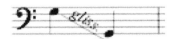

MUTED DEAD NOTES
One finger of the **right hand**
acts as the mute (dead note).
After the dead note is articulated,
the other finger strikes the
string to create the tone.. (see pg 26 in Book 1)

LAS NOTAS MUERTAS: Un dedo de la mano derecha actúan como el mudo (nota muerta). Después de que la nota muerta es articulada, el otro dedo golpea la cuerda para crear el tono. (ver pg. 26 en el primer Libro

PALM SLIDES "BOMBA"

The **"Boom"** sound is played with the **palm** of the **right hand** while the **left hand mutes** all strings. The intention is to imitate the rhythm that the drummer plays in Timba. (see p.60 in Book 1)

"TA" is struck with the **fingers of the right hand** and still muting the strings with the left hand.

"KA" is struck with the **fingers of the left hand only**

LA BOMBA CON LAS PALMAS:

El sonido de **"Boom"** es jugado con la palma de la mano derecha mientras la mano izquierda silencia todas las cuerdas. La intención es imitar el ritmo que el tambor juega en Timba. **(ver p.60 en el Libro 1)**

'TA' es golpeado con los dedos de la mano derecha y todavía silenciar las cuerdas con la mano izquierda.

'KA" es golpeado con los dedos de la mano izquierda sólo

LA BRUJA

In the introduction, one can see the application of Example #2 from *Cuban Timba: A Contemporary Bass Technique*, which functions as a preparation for the "bloque" later in the tune. "La Bruja" is the first example where you can appreciate the rhythmic variation and creativity that Feliciano Arango uses during the montuno and accompaniment of the arrangement. It is an excellent example and a technical study that will strengthen the use of the syncopa rhythm which is the foundation of this bass line. In addition, in measures 18, 19, 20, and 21, the use of the third octave arpeggio adds to the color and flavor of the basic tumbao.

The bass accompaniment uses variations throughout the entire arrangement, very common to Feliciano Arango's Timba bass styling. In addition, the "bloque" in measure 104 is essentially a horn line doubled by the bass. This horn line, written by Jose Luis Cortés, displays the great virtuosity of Feliciano Arango and also demonstrates the freedom that Timba as a genre allows the bassist within the music. Due to the musicians' high level of technicality facility, musical figures in the arrangements were written with a high level of complication. This technical virtuosity did not exist before this period in Cuban popular dance genres. However, in spite of this virtuosity, the role of the bassist as an accompanist is still maintained in this genre. The "bloque" in measures 179, 192, and 260 were created by Feliciano Arango as a rhythmically dramatic signal for a new section in the arrangement. This tune as a whole is a great practice tool and example of how to apply all aspects of playing a full arrangement in the Cuban Timba style.

LA BRUJA

En la introducción se puede ver la aplicación del ejemplo #2 del primer libro* que sirve de preparación para el "bloque" que se presenta a continuación. <u>La Bruja</u> es el primer ejemplo donde se puede apreciar el movimiento y la creatividad de Feliciano empleados durante el acompañamiento. Es un ejemplo y un arduo ejercicio para solidificar la síncopa que es el cuerpo de esta línea de bajo. También en los compaces 18,19,20,21 la selección de la octava de la tercera del acorde en forma de arpegio amplía y da color al tumbao básico.

Siempre hay una variación en el acompañamiento durante el tema completo, como ocurre en casi todos los temas por ser el estilo timbero de Feliciano Arango. También el bloque que comienza en el compás 104 de esta canción es una línea de metales doblada por el bajo. Este bloque escrito por José Luis Cortés hace que Feliciano Arango muestre un gran virtuosismo y con ello demuestra que el bajo timbero tiene libertad para ejecutarse a cualquier nivel, algo que teniendo buenos ejecutantes, carece de antecedentes en la música cubana popular bailable por la responsabilidad que siempre se le atribuyó al bajo como instrumento acompañante en este género musical. Los bloques en los compaces 179 ,192, y 260 son de una gran fuerza rítmica creados por Feliciano para señalar que hay un cambio en el tema. Es una buena práctica en todos los aspectos de un tema completo de la música cubana popular bailable.

La Bruja

Feliciano Arango Bass Line

NG La Banda

LOS SITIOS ENTERO

In the previous book[1] we focus on the guaguancó rhythm (pg 40), and explain the role of the clave in Timba and Guaguancó and it's relation to the conga patterns. Although the bass is not present in the guaguancó part in this song, you can practice and apply the knowledge acquired in the first book. Due to the strong statement of the guaguancó throughout the whole tune, the bass is line of a much more stable nature in comparison to other arrangements. Once again, in measure 152, one can see the statement of triplet trills that are one of Feliciano Arango's stylistic bass signatures.

LOS SITIOS ENTERO

En el libro anterior[1] nos detenemos en el guaguancó (página 40), aquí se explica la importancia de la clave del guaguancó para la Timba y el movimiento del bajo con la clave y con las congas para su mayor conocimiento. Aunque el bajo no está presente en esta parte del guaguancó, en este tema musical usted puede practicar y aplicar los conocimientos adquiridos en el primer libro. Por el sentimiento del guaguancó, tan presente durante el tema completo, se trata de mantener un figurado más estable que en los otros temas. En el compás 152 aparecen los trecillos afirmativos de Feliciano Arango.

---

[1] Feliciano Arango, Cherina Mastrantones, "*Cuban Timba: A Contemporary Bass Technique*", 2008, Arangotones. https:??www.createspace.com/3671152

Los Sitios entero

Feliciano Arango Bass Line

NG La Banda

LA EXPRESIVA

This arrangement is a clear example of Feliciano Arango's expertise and flavorful improvisational creativity. This song uses a single montuno theme which is colored with multiple variations using melodic and rhythmic improvisations, technical fills, trills, and glissandi in order to enhance the arrangement. In measure 63 and 64 the basic tumbao is stated. This type of tune requires open rhythmic space to support the vocal improvisations and soloists. Also the bomba section coupled with the basic tumbao plays an important role in this particular arrangement. This example shows how a bassist can achieve an effective and supportive accompaniment part with very few elements.

LA EXPRESIVA

Se puede apreciar con toda claridad el movimiento y la creatividad, pues este tema musical tiene como base solamente un montuno, que el bajista Feliciano recrea con mucho sabor y maestría haciendo de este un tema con variaciones melódicas, rítmicas y donde además utiliza mordentes y glissandi, y un tumbao típico (compás 63 & 64) para el coro. El tema exige espacios para los coros y las improvisaciones del catante solista, por eso es que en este tema la bomba desempeña un papel importante, así como el tumbao típico que mencionamos anteriormente. Es una muestra de cómo lograr un gran sabor con pocos elementos.

La Expresiva

Feliciano Arango Bass Line

NG La Banda

41

QUE VIVA CHANGÓ

This tune clearly demonstrates the virtuosity and deep musical knowledge that is so natural for Feliciano Arango. At the beginning of the introduction, he uses all bass octaves, trilled triplets, harmonics, and glissandos in a way that was never stated in a bass part within Cuban dance music prior to this era. Although there are technical variations and complicated fills, these virtuosic and flavorful stylings do not distract from the strong accompaniment tumbao which is the principal role of the bassist. In the verse beginning in measure 76, the bass line accompanies the singers with the use of double stops. This concept of color change, from a more harmonic rather than rhythmic accompaniment in the bass part, is unprecedented in Cuban music prior Timba. One can recognize the advancement of and influence from bassists world-wide that was occurring during this musical period. There will be obvious personal musical growth once the mastery of this complete bass line is assimilated into one's playing. Every measure is a technical challenge to be mastered.

QUE VIVA CHANGÓ

Este arreglo es un ejemplo del virtuosismo y conocimiento tan naturales en Feliciano Arango. Desde el principio, en la introducción, este músico utiliza todas las octavas del bajo, los armónicos, trecillos rápidos, y glissandi como adornos en una manera que nunca existió en las líneas de bajo anteriores de la música cubana popular bailable. Aunque hay muchas variaciones técnicas y complicadas, estos adornos nunca lo alejan del tumbao y del firme acompañamiento que es su parte principal en el grupo, además de mantener el sabor. En la parte de voz del compás 76 la línea de bajo acompaña con doble cuerdas. Este concepto de cambiar el color y acompañar con menos ritmo y más armonía en el bajo es algo inusual en la música popular bailable antes del nacimiento de la Timba. Se puede apreciar la influencia del desarrollo del bajo eléctrico que existía durante esta época a nivel mundial. Cuando los interesados logren tocar esta línea completa se percatarán de su desarrollo personal. Cada compás es un ejercicio de técnica.

Que viva Changó

Feliciano Arango Bass Line

NG La Banda

TODO EL MUNDO ES BUENO

This tune has a more rhythmically Caribbean flavor but nonetheless maintains its identity as Cuban Timba. The constant and lively rhythmic game and overall structure of the arrangement maintains its Cuban identity. Feliciano Arango approaches the montuno more harmonically and makes a reference to the rumba flamenco of European Spanish music. However, the fire and the strength on the bass tumbao reflects the aesthetic of Timba and maintains its musical structure of tumbao, bomba, "bloque", effect, and tumbao. Once again, Feliciano Arango aggressively states his signature figure of triplet trills in measure s 38, 39, 55, 189 and 190.

TODO EL MUNDO ES BUENO

Este tema es más cadencioso y caribeño pero no por eso deja de ser Timba cubana y de tener características muy parecidas a los otros temas en cuanto a la estructura. El juego constante y el sabor del ejecutante lo mantienen vivo todo el tiempo. El autor en el montuno quiere acercarse con la armonía y el sabor a la rumba flamenca y el número toma un aire español; pero la fuerza del tumbao del bajo sigue sosteniendo la Timba y mantiene su estructura con la misma fuerza de tumbao, bomba, efecto, y tumbao. Aquí los trecillos afirmativos de Feliciano Arango son mucho más agresivos y se mantiene su sello timbero (ver compás 38,39, 55, 189, 190).

Todo El Mundo Es Bueno

Feliciano Arango Bass Line

NG La Banda

LA PROTESTA DE LOS CHIVOS

In this arrangement, the accompaniment uses a variety of tools in order to support each section of the tune. In the introduction, the bass line plays a fairly traditional tumbao for this genre. During the verses, the bass line uses a melodic fragment from the voice part as well as in the chorus (measures 26-40). In measure 43, the bass line shifts to a downbeat pattern rather than its syncopated pattern within the tune. This shift to the downbeats for one measure is used in nearly every measure preceding a new section of the tune. In measure 80, the bass line plays in a style that is normally played by the piano tumbao. This is an unconventional and rare concept for a bass part prior to Timba. From measure 89 to the "champola" section, the bass line plays a variation of the piano tumbao combined with fragments of a traditional bass tumbao. Generally, in every repetition, the bass creates a new variation. In measure 28, the rhythmic figure using trills and triplets is a statement of Feliciano Arango's signature fill. You will see this signature pattern in many of the bass parts.

LA PROTESTA DE LOS CHIVOS

En este número el acompañamiento utiliza varias formas para apoyar cada parte del arreglo. En la introducción la línea de bajo toca un tumbao casi tradicional por este género. Durante la voz, la línea de bajo también hace parte de la melodía interpretada por el coro (compás 26- 40). En el compás 43 la línea de bajo cambió a tiempo para hacer una nueva variante. Este efecto de cambiar a tiempo por un compás aparece casi siempre antes de cada nueva parte de la canción.

En el compás 80 la línea de bajo empieza el montuno tocando un patrón que normalmente hace el piano. Este efecto no es una forma convencional en los tumbaos de bajo en la música popular. Desde m 89 hasta la champola, la línea de bajo toca fragmentos del montuno del piano entre un tumbao normal. Generalmente cada repetición tiene una variante. En el compás 28 hay un figurado de trecillos con trilles, que es una afirmación de Feliciano Arango; esto se encuentra en muchas de sus líneas de bajo.

La Protesta De Los Chivos

Feliciano Arango Bass Line

NG La Banda

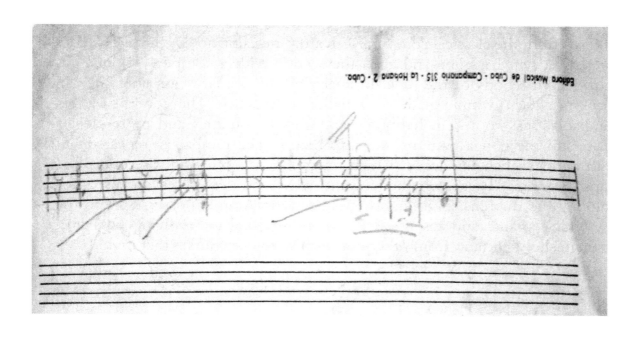

EL TRÁGICO

This tune demonstrates the fusion and musical mastery of all the musicians in the group at the time. The introduction begins with a typical guagancó in the percussion section while the piano solo quotes melodic phrases from the classical composer Edvard Grieg's piano concerto. The bass overlays a slap bass line and ends the section with a complex "bloque" to introduce the body of the tune. In analyzing the primary bass line, one can recognize the rhythmic game of variation in practice. The concept of this tumbao is less rooted in harmonic and chordal outlines and more closely related to the conga patterns and its variants. The tumbao is repeated but with an ever-changing accent which much like a percussionist's concept of improvisation. It is a rhythmic game where chosen notes are used for coloring the rhythms. The fluidity that Feliciano Arango possesses, with the rhythmic variants and his creativity in improvising an evolving bass line, distinguishes Feliciano from other noteworthy bassists during that period.

EL TRÁGICO

Este número muestra la fusión de todo el conocimiento de los músicos en esta agrupación. La introducción es un guagancó con un piano solo utilizando melodías del concierto de piano por el compositor clásico Edvard Grieg. El tumbao del bajo utiliza la técnica de Slap terminando con un bloque para introducir el cuerpo de la canción. A través de la línea de bajo, este número es ejemplo de un juego con ritmo. Más que tocar tonos de la armonía y cuerdas, esta línea de bajo se parece a la parte rítmica de la conga. El tumbao es igual, pero siempre cambia el acento como lo hace la conga. Es un juego rítmico con notas que le dan color. La fluidez con que Feliciano Arango puede cambiar sus líneas de bajo como creaciones únicas para participar en el sabor del sentimiento de la canción, es lo que lo diferencia y lo distingue entre otros muy buenos bajistas del mundo.

El Trágico

Feliciano Arango Bass Line

NG La Banda

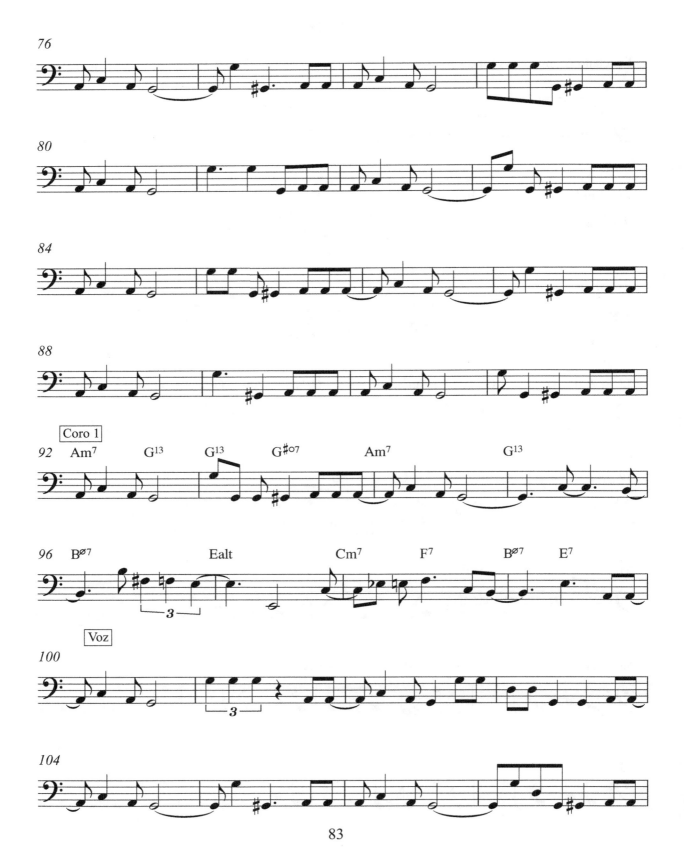

ÉCHALE LIMON

This tune is one of NG La Banda's most famous hits. It is a classic because it demonstrates the ability of Timba to merge diverse musical styles while still maintaining a dance floor popularity. The beginning starts with a New Orleans style second line rhythm pattern. In the introduction, the bass line quotes styles from other genres. The bass solo accompaniment is played using scale tones and rhythmic figures very typical of early US funk and blues vocabularies. The verses, chorus, and montunos patterns are played with little variation in order to solidify and support this fusion of styles. In measure 158, the bass line begins to create variations on the original tumbao. Later, in measure 255, there is a horn mambo that directly quotes Sonny Rollins' well-known tune, "Oleo". This is due to the musical knowledge and creativity of all the musicians in the group, and marks the birth of NG La Banda's unique fusion of distinct genres into a still danceable and clearly Cuban identity.

ÉCHALE LIMON

Este número es uno de los más famosos de la obra de NG La Banda. Es un clásico porque muestra todas las posibilidades de fusionar diversos géneros en la música cubana popular bailable y al mismo tiempo mantiene el disfrute del bailador. Desde la introducción, la línea de bajo muestra el conocimiento amplio de todos los géneros musicales. En el principio los músicos empiezan con los ritmos típicos de New Orleáns e igualmente el solo del bajo tiene ese *swing* y sabor norteamericano. Es una línea muy típica del comienzo del *funk*. Todos sus adornos y variaciones son basados en el movimiento del *blues*. El cuerpo, coros del arreglo y el tumbao son iguales, sin variantes para solidificar y apoyar el sentido de la fusión. En el compás # 158 la línea de bajo empieza sus variaciones sobre el tumbao fijo del principio. Más tarde en el compás 255 hay comillas de "Óleo", la famosa melodía de Sonny Rollins que es una indicación de la creatividad y el conocimiento de todos los músicos en el grupo y del nacimiento del sonido único de NG La Banda que puede fusionar todos los estilos y mantener su identidad cubana y bailable.

Échale limón

Feliciano Arango Bass Line

NG La Banda

SANTA PALABRA

This arrangement is another of the great classics of NG La Banda. In the first book, you will find many of the figures used here and in other NG tunes. Carefully analyze the "bloque" in measure 18 and try to execute it with the greatest clarity, focusing particularly on the triplet figures. These triplet figures will allow you to assimilate the signature fills of Feliciano Arango, although they oscillate slightly differently in this version. This signature fill is of noticeable interest and it is suggested that you pay close attention to the execution of the up beat rhythmic variants in order to incorporate more variety and interest in your own bass improvisational vocabulary.

SANTA PALABRA

Este tema es también uno de los grandes clásicos de NG La Banda. En las pistas libres del primer libro[1] usted podrá encontrar muchos de los figurados que aquí y en los otros temas aparecen. Estudie detenidamente el bloque del compás 18 y trate de tocar con la mayor limpieza posible sus trecillos. Estos trecillos lo ayudarán a estar más cerca de la afirmación de Feliciano Arango, aunque oscilan en forma diferente, por eso es que tiene un interés especial y trate de hacer los contratiempos lo más preciso posible; de esta forma también le pondrá un poco más de interés a la obra musical.

---

[1] Feliciano Arango y Cherina Mastrantones, "El Bajo Contemporanéo De La Timba Cubana" 2008. Arangotones. https://www.createspace.com/3671152

Santa palabra

Feliciano Arango Bass Line

NG La Banda

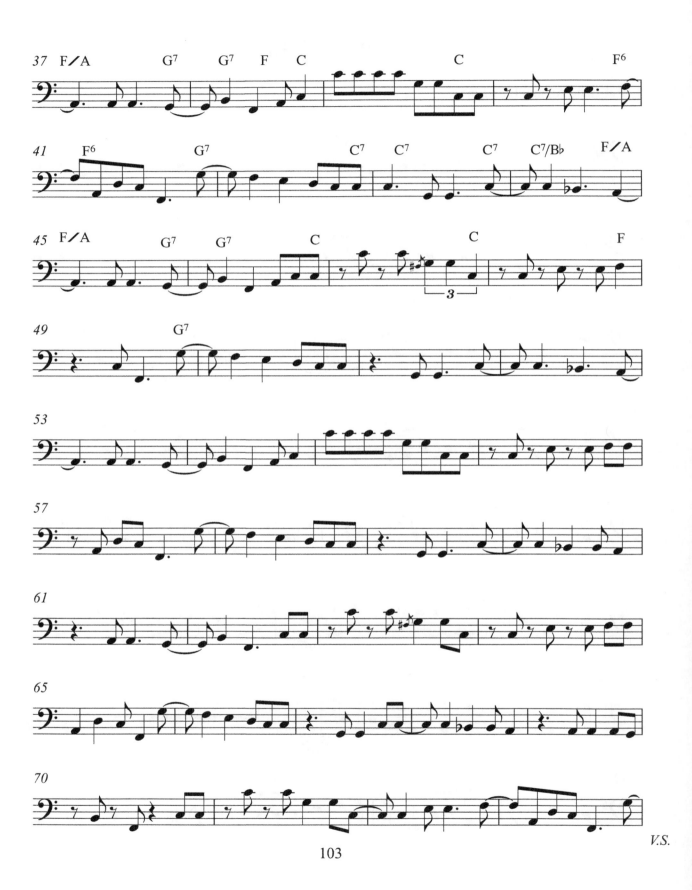

327

332 CODA

336

339

343 **Iyesa Bomba Pattern

Mambo I Libre y al S. y Mambo II sin II cuello. Parecido (A) y Fin

efecto para Montuno II corto

Piano solo Montuno II

HICE MI PAPEL

In this arrangement, the verse, montunos, and mambos are phrased in a 4 bar ostinato that repeats throughout. However, what gives the ostinato phrase an interesting flavor is its rhythmic variation at each repetition. It is important to acquire and use a large rhythmic vocabulary in this style in order to create and invent variations for simple tumbaos. This bass line is a good example for analysis and practice of the key rhythmic elements of syncopation, triplets, and upbeat patterns (see measure 164 for ideas in variations of the principal tumbao).

HICE MI PAPEL

En esta canción el cuerpo, los montunos y los mambos son tocados con un ostinato de cuatro compases que se repiten. Lo que le da al tumbao sabor e interés es que después de cada repetición del ostinato hay una variación rítmica. Es importante aprender y utilizar un vocabulario rítmico con facilidad para que se pueda disfrutar e inventar variaciones con un ostinato sencillo. Esta línea es un buen ejemplo para empezar y analizar el vocabulario de síncopa, trecillos, y contratiempos (compases 164, variación del ostinato principal).

Feliciano Arango Bass Line

Hice Mi Papel

NG La Banda

Bass

Bass

Bass

Postilb

efecto poco cambios

efecto #1

efecto 2

Montuno.

PICADILLO DE SOYA

In the introduction of this arrangement the tumbao is simple and relatively easy to execute but is a good practice tool for the syncopa rhythmic figure. You can see the effects made by Feliciano Arango are drastically different from the effects of other orchestras of that time. His have a very clear melodic line that beautifies and animates the musical work. The choice of bass intervals used strongly supports the harmonic movement of the section. This song has a second montuno beginning in measure 203 enhanced by bomba and offbeat rhythmic effect that punctuates a strong entry for the new tumbao.

PICADILLO DE SOYA

La introducción de este tema se muestra sencillo y muy fácil de ejecutar aunque usted sigue practicando la síncopa. Se puede observar que los efectos hechos por Feliciano Arango a diferencia de los efectos de otras orquestas, tienen una línea melódica muy definida que embellece y anima la obra musical. La línea del bajo de estos efectos presenta intervalos que defienden la armonía que se escucha. Este tema musical tiene un segundo montuno compás 203, le antecede una bomba y el efecto a contratiempo le da mucha fuerza a su entrada.

Picadillo de soya

Feliciano Arango Bass Line

NG La Banda

ME PONES MAL

As in "La Bruja" the "bloques" are written by José Luis Cortés. These "bloques" are technically complex where the bassist is an active participant. This role is another example of how the bass participates in the music with true freedom from the basic tumbao. In addition, there are some passages where the bass does not state the usual tumbao pattern but expresses the time feeling using figures resembling piano and horn lines. An important detail to notice is the rhythmic punches after each bomba section. The tonal intervals and the accompanying rhythmic variety are typical examples of Cubam Timba.

ME PONES MAL

Al igual que en La Bruja se encuentran bloques escritos por José Luis Cortés con una gran dificultad técnica que tiene al bajo como invitado para afirmar una vez más su verdadera libertad. Además de estos bloques existen algunos pasajes donde el bajo deja de hacer la marcha del cuerpo del número para expresarse como lo pudieran hacer el piano o los metales. Un detalle importante son los efectos después de cada bomba, los intervalos que ellos presentan y la variedad rítmica que los acompañan. Esto ocurre con todos los temas porque forman parte de este nuevo género llamado "La Timba Cubana".

Me Pones Mal

Feliciano Arango Bass Line

NG La Banda

UN SUEÑO TERIBLE

This arrangement is a great example of an elegant bass line. Each musical transition is carefully stated but clearly less aggressive than the other examples. Those aesthetic decisions are based on the needs of the arrangement and chosen in order to provide musical support for the singers and the body of the tune. The bass line is strongly present but takes a more understated form. This is clearly an example of the seamless art of accompaniment of a studio musician that still maintains the flavor of a Timba styling. The tumbao is precise and each repetition of the syncopated line is strongly maintained throughout the tune. This is an excellent exercise for tumbao solidification in a more relaxed setting.

UN SUEÑO TERIBLE

Este tema musical es un perfecto ejemplo de un acompañamiento con elegancia. Cada transición es suave, o sea, menos agresiva que en los otros temas, porque así lo pide el arreglo musical, pero siempre apoyando a los cantantes y al cuerpo de la canción. La línea de bajo está siempre con presencia pero sin llamar la atención. Es un ejemplo del arte y la fineza de un músico de grabación, siempre con pinceladas de su estilo timbero. Este número es muy preciso y solidifica el tumbao y la síncopa que es repetida con precisión. Los interesados podrán disfrutar este tema y practicarlo tranquilamente.

Un Sueño Terrible

Feliciano Arango Bass Line

NG La Banda

LA PELICULÁ DEL SABADO

These bass lines are staggering with regard to Cuban popular dance music. If you listen and follow the transcription of pre-NG La Banda bass lines for comparison one can easily state that the bass lines in Timba, with its greatest exponent Feliciano Arango, achieve greater development as a accompaniment and solo instrument to date. This song has several technical difficulties such as the syncopation, the triplet trills, and off beat figures in abundance. The rhythmic effects in measure 179, after the bomba section, has time shifting offbeat figure which can serve as a useful exercise tool for practice

---

LA PELICULÁ DEL SABADO

Estas líneas de bajo son asombrosas tratándose de música cubana popular bailable. Si usted escucha y ve escrita una línea de bajo anterior a <u>NG La Banda</u> podrá comparar y afirmar que el bajo en la Timba, con su mayor exponente Feliciano Arango, alcanza el mayor desarrollo como instrumento acompañante hasta el momento. Este tema musical tiene varias dificultades técnicas como son las síncopas, los trecillos, y los contratiempos en abundancia. Los efectos después de la bomba compás 179 tienen como principal variación el contratiempo, lo que puede servir de práctica útil para este ejercicio.

CONCLUSION:

Feliciano Arango has contributed a large body of work to the development bass playing and to Cuban music in general. All this work should be studied thoroughly in order to increase your understanding of this important music. Despite the worldwide availability of his recordings, there is more to discover about Feliciano Arango in his role as a bassist, composer, arranger and director of the group of folclorjazz, <u>*Los Hermanos Arango*</u>. With this first volume of Feliciano's classic timba bass lines, we would like to initiate a new direction for bass studies and hope to support a new generation of musicians and innovators interested in Cuban Timba.

ACKNOWLEDGMENTS:

The Arango family and especially their mother, Marta

Professor Iliana García Escuela Nacional de Arte (ENA) e Instituto Superior de Arte (ISA).

CONCLUSIÓN

Existe una gran cantidad de trabajo donde se aprecia la contribución de Feliciano Arango al desarrollo del bajo y con ello su aporte a la música cubana en general. Este trabajo se debe difundir minuciosamente para que se pueda apreciar y valorar con más claridad. A pesar de la disponibilidad mundial de sus grabaciones, hay mucho más por conocer de sus funciones como bajista, compositor, arreglista y director de la agrupación de folclorjazz <u>"Los Hermanos Arango"</u>. Con este primer volumen de este clásico de la timba, les proponemos un nuevo estudio para el bajo, que sin dudas será un gran apoyo a la nueva generación de bajistas interesados en la Timba Cubana.

AGRADECIMIENTOS:

Por la ayuda brindada y apoyo en la realización de este trabajo agradecemos a:

La familia Arango, en especial a nuestra madre Marta.

Profesora Iliana García: Escuela Nacional de Arte (ENA) e Instituto Superior de Arte (ISA).

Pedro Sureda, Cherina Mastrantones, Feliciano Arango.

CREDITS:

Transcription: Pedro Sureda

Music Editors: Feliciano Arango, Cherina Mastrantones

Original Archive Manuscripts and Compositions: Jose Luis Cortés .©with permission.

Translation: Cherina Mastrantones

Copy Editor, Spanish: Miriam Garcés Gómez

Copy Editor, English: Elizabeth Berlinger

Instruments: Yamaha TRB6P11 6 string bass.

CRÉDITOS:

Transcripción: Pedro Sureda

Editor de música: Feliciano Arango, Cherina Mastrantones

Archivo de los arreglos originales: Jose Luis Cortés. Con autorización.

Translación: Cherina Mastrantones

Editor de español: Miriam Gómez Garcés
Editor de inglés: Elizabeth Berlinger

Instrumentos musicales: Yamaha TRB6P11 6 string bass.

DISCOGRAPHY/ DISCOGRAFÍA: *NG LA BANDA*

EGREM, Cuba
Santa Clara Fusión, 1985
Siglo I NG, 1985
Siglo II NG, 1986
Abriendo el ciclo, 1986
A través del ciclo, 1987
Salseando con Malena Burke, 1988
No te compliques, 1988
No se puede tapar el sol, 1990
NG en la calle, 1990
NG en la calle, 1992
Échale limón, 1992
No se puede tapar el sol, 1988
Salseando, con Melena Burke, 1990
NG, Nueva Generación, 1992
Échale limón, 1992
Cabaret Panorámico, 1992
En la calle, 1993
De NG para Curazao, 1993
NG en vivo, 1993
La bruja, 1994
Llegó NG, camará, 1993
Éxitos de NG la Banda, 1993
La que manda, 1994
Masca la cachimba, 1994
En directo desde el patio de mi casa 1995
Nuestro hombre en La Habana, 1995
Simplemente lo mejor de NG, 1995
Cabaret estelar, 1995
NG la Banda la que manda, 1995
The Best of NG La Banda,1997
NG por NG, 1997
En cuerpo y alma, 1997
Veneno, 1997
Son Cubano, 2000.   Grandes éxitos de José Luis Cortés y NG La Banda"", 2000.   Baila conmigo, 2000
Afrosalsa,2000
Mi Armonia,2001
Oye Síííí, 2003
Bailemos,2007
Mis 22 Años, 2011

Imports
Cabaret Estelar, Caribe 1992 (also titled Échale limón)
Dancing with the enemy, Luaka Bop, USA, 1992
NG Nueva Generación, Kitty Records, Japón, 1992
Cabaret Panorámico, Kitty Records, Japón, 1992
De NG para Curazao, CG Production, Curazao, 1993
Éxitos de NG la Banda, ARTex, 1993
Llegó NG camará`, ARTex, 1993
NG en vivo, Sony, Japón, 1993
La bruja, Sony, Japón, 1993
Un hombre llamado Tosco, Sony, Japón, 1993
Señorita italiana, Errepi Radio Populare, Italia, 1994
Homenaje a Benny Moré, Sony Records, 1994
Latin Jazz, Cuba libre, Francia, 1994
Masca la cachimba, Sony Records, Japón, 1994
NG la Banda la que manda, Caribe Production, 1995
La bruja, Caribe 1995
La cachimba, Caribe 1995
Simplemente lo mejor de NG, Caribe Production, 1995
Desde el patio de mi casa, Caribe Production, 1995
NG por NG, Caribe Production, 1997
Veneno, Caribe Production, 1997
Latin Fever, Coda 1997
Toda Cuba baila con… NG La Banda (collection of early songs) Max Music 1998
The Best of NG La Banda, Caribe/Emi Spain/Hemisphere 1999

Los Hermanos Arango

Oro Negro, Unicornio, 2006

CPSIA information can be obtained at www.ICGtesting.com
Printed in the USA
LVOW02s2024051113

360110LV00028B/1313/P

9 781468 026252